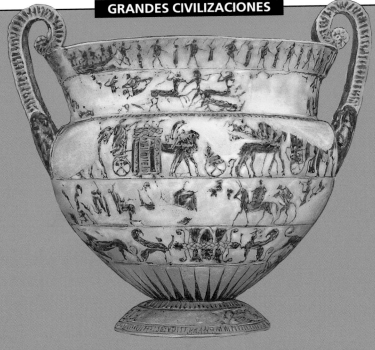

GRECIA

 Parramón

Proyecto y realización
Parramón Ediciones, S.A.

Dirección editorial
Lluís Borràs

Ayudante de edición
Cristina Vilella

Textos
Eva Bargalló

Ilustraciones
Estudio Marcel Socías

Diseño gráfico y maquetación
Estudi Toni Inglés

Dirección de producción
Rafael Marfil

Producción
Manel Sánchez

Tercera edición: abril 2005

Grandes civilizaciones
Grecia
ISBN: 84-342-2613-8

Depósito Legal: B-16.319-2005

Impreso en España
© Parramón Ediciones, S.A. – 2004
Ronda de Sant Pere, 5, 4ª planta
08010 Barcelona (España)
Empresa del Grupo Editorial Norma

www.parramon.com

A ORILLAS DEL MEDITERRÁNEO

Hace casi 3.000 años, en una extensa región bañada por el mar Mediterráneo se desarrolló una de las más influyentes y duraderas civilizaciones de la humanidad: la civilización griega. Una cultura que destacó no sólo por la belleza y maestría de sus obras artísticas y arquitectónicas sino también por su sabiduría, conocimiento científico y elevado grado de desarrollo político y social.

Por todo ello queremos presentar a los jóvenes lectores los principales rasgos de esta apasionante civilización. Iniciamos la obra con una breve introducción a modo de resumen y marco espacial y temporal de los once temas que se desarrollarán a continuación. Estos temas están presididos por una pequeña presentación y organizados a partir de una imagen central, que sirve para explicar, de forma clara y concisa, diversos aspectos de la cultura y la historia helénicas relacionados con la ilustración. Asimismo, en recuadros complementarios se amplía el contenido del tema o se ofrece información adicional. Con el fin de facilitar la lectura y complementar la información, en la última doble página se incluye un glosario de términos y una cronología en la que se enmarcan los principales acontecimientos políticos y culturales.

En la selección de los temas y el desarrollo de los contenidos ha primado el atractivo de éstos por encima de la exhaustividad, dado que nuestros objetivos primordiales son despertar el interés del joven lector por el estudio de la historia de las grandes civilizaciones sin abrumarlo con excesivos datos históricos y, a la vez, incentivarlo para que ahonde en el conocimiento de la materia.

LOS ORÍGENES DE LA CIVILIZACIÓN OCCIDENTAL

Los palacios cretenses estaban decorados con pinturas al fresco, como este detalle, fechado entre los años 1400 y 1380 a.C.

LA CIVILIZACIÓN CRETENSE O MINOICA

Hace más de 4.000 años, un pueblo de origen indoeuropeo, condicionado por el marco geográfico, se lanzó a la navegación y desarrolló una de las culturas más brillantes y sorprendentes del Mediterráneo: la cultura cretense o minoica. Los habitantes de Creta, una isla bañada por las aguas de ese mar testigo de tantas civilizaciones, construyeron grandes palacios estructurados alrededor de patios y ricamente decorados con pinturas de danzarinas y acróbatas y motivos vegetales y animales de un manifiesto naturalismo. Estos enormes y laberínticos edificios albergaban no sólo a la familia real sino también a los funcionarios, artesanos y sirvientes.

Las excavaciones arqueológicas permiten datar estos palacios y constatar la existencia de dos etapas: una primera, que duraría hasta 1700 a.C., aproximadamente, y que terminaría con la destrucción de los palacios, con toda probabilidad debido a una catástrofe natural; y una segunda, que se caracterizaría por la reconstrucción de las residencias reales y de cuya desaparición podría haber sido responsable, en este caso, la expansión micénica.

LOS MICÉNICOS: UN PUEBLO COMBATIENTE Y EXPANSIONISTA

De hacia el año 1600 a.C. datan los restos arqueológicos hallados en la Grecia continental y correspondientes a una civilización eminentemente guerrera, capaz de construir grandes fortalezas y palacios protegidos por murallas ciclópeas. Algunos elementos arquitectónicos permiten relacionar esta cultura con la minoica, aunque en aquélla no parece que existieran estructuras defensivas. Las investigaciones realizadas en Micenas, la más importante de las ciudades aqueas y que da nombre a su civilización, sacaron a la luz tumbas reales de planta circular y cubierta similar a la bóveda. En su interior se hallaron objetos y joyas elaborados con materiales preciosos, como la célebre máscara de oro llamada de Agamenón.

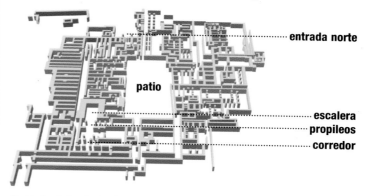

entrada norte

patio

escalera
propileos
corredor

El dibujo de la planta del palacio de Cnosos se asemeja a un laberinto, en el que las distintas estancias se organizan alrededor de un patio central.

Dama de Auxerre. La simplicidad de las formas, el hieratismo, la falta de movimiento y la frontalidad de la figura responden a las características de la escultura arcaica.

UN LARGO TÚNEL DE MÁS DE 400 AÑOS

Los pueblos aqueos establecidos en la Grecia continental y Creta sufrieron las invasiones de otras tribus guerreras, los dorios, que destruyeron Micenas. Los aqueos, que habían asimilado la cultura minoica, se vieron obligados a desperdigarse por las islas del mar Egeo y las costas de Asia Menor.

Tuvieron que pasar más de cuatro siglos antes de que surgiera una nueva civilización. De este largo período, denominado época oscura o edad media griega, poco se sabe. Las excavaciones arqueológicas permiten deducir que la oleada de invasiones de fines del siglo XIII a.C. estuvo acompañada del abandono y la destrucción de la mayor parte de los emplazamientos micénicos, sin que a continuación hubiera un asentamiento de los pueblos invasores.

Paulatinamente, la mezcla de población dio lugar a una floreciente cultura que, a partir del siglo VIII a.C., ofreció sus primeros frutos.

LA EFERVESCENCIA DEL MUNDO HELÉNICO

Entre los siglos VIII y VI a.C. se establecieron las bases de una cultura que no sólo revolucionó el campo de las artes y la literatura sino también el del pensamiento, las ciencias y la política. Este período, denominado arcaico, dio paso a una etapa de todavía mayor florecimiento, la época clásica, y ésta, en su momento apoteósico, al período helenístico, que representa el punto culminante y la posterior decadencia de una civilización que aún hoy forma parte del acervo cultural occidental.

La puerta de los leones de Micenas está construida con bloques ciclópeos. En un bloque de piedra que descansa sobre el dintel aparecen esculpidos dos leones rampantes separados por una columna central.

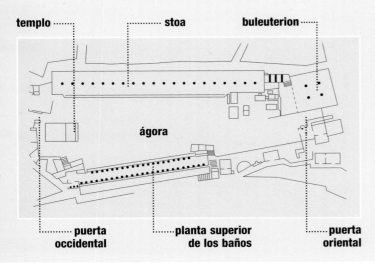

templo ···· stoa ···· buleuterion ····

ágora

puerta occidental ···· planta superior de los baños ···· puerta oriental

Plano del ágora de Assos. Alrededor de la plaza, punto de encuentro y reunión ciudadana, se erigían los edificios civiles más importantes de la polis, como el buleuterion o el stoa.

Los actores de teatro cubrían su rostro tras una máscara, a menudo de rasgos grotescos.

A lo largo de estos siglos, los griegos, cuya economía se basaba en la agricultura, la ganadería y el comercio, se expandieron por el Mediterráneo y fundaron colonias en puntos tan distantes como Ampurias, Odesa o Néucratis. Asimismo, se vieron inmersos en largas y cruentas guerras que los enfrentaron entre sí o con otros pueblos, como los persas. Figuras como Pericles y Alejandro Magno llevaron la gloria a sus compatriotas. Este último, además, extendió los confines de la Hélade más allá de lo que nunca se habían atrevido sus antecesores, formando un inmenso imperio que, desdichadamente, duró poco, puesto que a su muerte se disgregó entre sus generales más ambiciosos, siendo esta división la causa principal del declive helénico.

EL SER HUMANO, EJE DE LA SOCIEDAD

El principal centro de interés de esta nueva civilización mediterránea es el ser humano. El hombre es el centro del universo y su mente, objeto de estudio. Las ciencias, la literatura, el arte, la arquitectura, la religión... giran a su alrededor y toman como punto de partida sus pensamientos, sus pasiones, sus necesidades, su cuerpo.

En filosofía, primero se intenta definir la realidad de las cosas y el mundo, desarrollando disciplinas como las matemáticas, la astronomía y las ciencias en general; después, se pretende explicar la realidad del hombre y buscar una norma de comportamiento humano tanto individual como social.

La religión desempeña un papel muy importante en la vida cotidiana de los griegos, puesto que cada ciudad está bajo la protección de un dios y se celebran múltiples festividades en su honor, además de otros acontecimientos de carácter más general, como los Juegos Olímpicos en honor de Zeus o los festivales dionisíacos en honor del dios del vino y la fecundidad. Los dioses toman apariencia humana y sus relaciones y aventuras, narradas por la mitología, reflejan las pasiones y los sufrimientos humanos.

En el terreno de la organización política aparece la polis, una ciudad-estado que domina los pueblos de las cercanías y que es independiente. A veces, varias polis forman alianzas para defenderse de peligros exteriores, como en las guerras médicas contra los persas; o se

Ponto Euxino

Gordion

mar Caspio

Alejandría
Eskhatè

Alejandría
de Cáucaso

Creta   Isos   Alejandría
de Isos

Alejandría
de Aria

Alejandría
de Aracosia

Alejandría
de Opiena

Alejandría

Alejandría
de Proftasia

Alejandría
de Carmania

Alejandría
de Makarene

océano Índico

Mapa de las
conquistas de
Alejandro Magno.

INTRODUCCIÓN

enfrentan entre ellas, como Atenas y Esparta en distintas ocasiones. Las instituciones políticas más importantes a lo largo de su historia son la monarquía (o el gobierno de uno solo), la oligarquía (o gobierno de unos pocos), la aristocracia (o gobierno de los nobles) y la democracia (o gobierno del pueblo).

Por lo que se refiere al mundo de la arquitectura y las artes en general, el artista deja el anonimato y es reconocido como tal. Los edificios, la escultura y la pintura pretenden plasmar la armonía, el equilibrio y la proporción tomando como medida el hombre. La figura humana pasa de ser toscamente representada a alcanzar elevadas cotas de perfección en sus movimientos y proporciones. Los ciudadanos griegos muestran pasión por el teatro. Las festividades dionisíacas evolucionan hacia la tragedia y la comedia, espléndidamente representadas por Esquilo, Sófocles y Eurípides, en el primer caso, y Aristófanes, en el segundo.

EL NACIMIENTO DE UNA ESTRELLA Y EL OCASO DE UNA GRAN CIVILIZACIÓN

Las conquistas del gran Alejandro Magno en el siglo IV a.C. abrieron las puertas de la Hélade a las influencias de las culturas orientales. El arte se tornó más expresivo y colosal y las formas evolucionaron hacia un mayor barroquismo; el contacto con otras corrientes de pensamiento y la riqueza de las ciudades pusieron las bases para un desarrollo científico, laureado con notables descubrimientos, y filosófico, con su diversificatión en distintas escuelas.

Sin embargo, el sueño imperial del conquistador macedonio se truncó con su muerte prematura. Sus grandes dominios fueron divididos entre sus generales, dando comienzo de este modo a un largo proceso de decadencia que culminó con la incorporación de Grecia al vasto imperio romano.

Asclepio, dios de la medicina. Se le suele representar como la figura de un hombre pensativo que agarra con su mano un palo alrededor del cual se enrosca una serpiente.

LA FABULOSA ANTIGUA GRECIA

En el siglo XIII a.C. pueblos dorios, jonios y eolios invadieron la Hélade y obligaron a sus antiguos pobladores a retirarse hacia las costas de la actual Turquía y las islas egeas, poniendo fin de este modo a la brillante cultura micénica. Pocos siglos después, estas tierras, cuyas costas se bañan en el mar Mediterráneo, fueron testimonio del florecimiento de una de las mayores civilizaciones occidentales: la civilización de la antigua Grecia.

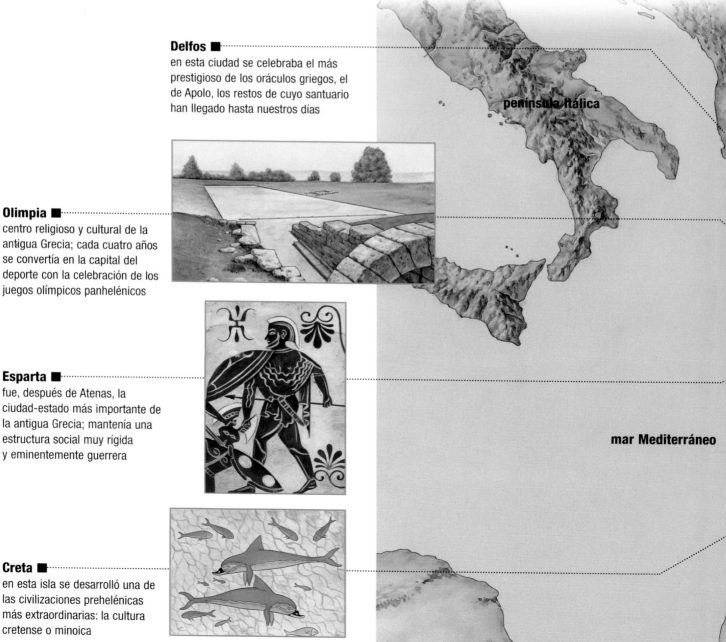

Delfos ■
en esta ciudad se celebraba el más prestigioso de los oráculos griegos, el de Apolo, los restos de cuyo santuario han llegado hasta nuestros días

Olimpia ■
centro religioso y cultural de la antigua Grecia; cada cuatro años se convertía en la capital del deporte con la celebración de los juegos olímpicos panhelénicos

Esparta ■
fue, después de Atenas, la ciudad-estado más importante de la antigua Grecia; mantenía una estructura social muy rígida y eminentemente guerrera

Creta ■
en esta isla se desarrolló una de las civilizaciones prehelénicas más extraordinarias: la cultura cretense o minoica

península Itálica

mar Mediterráneo

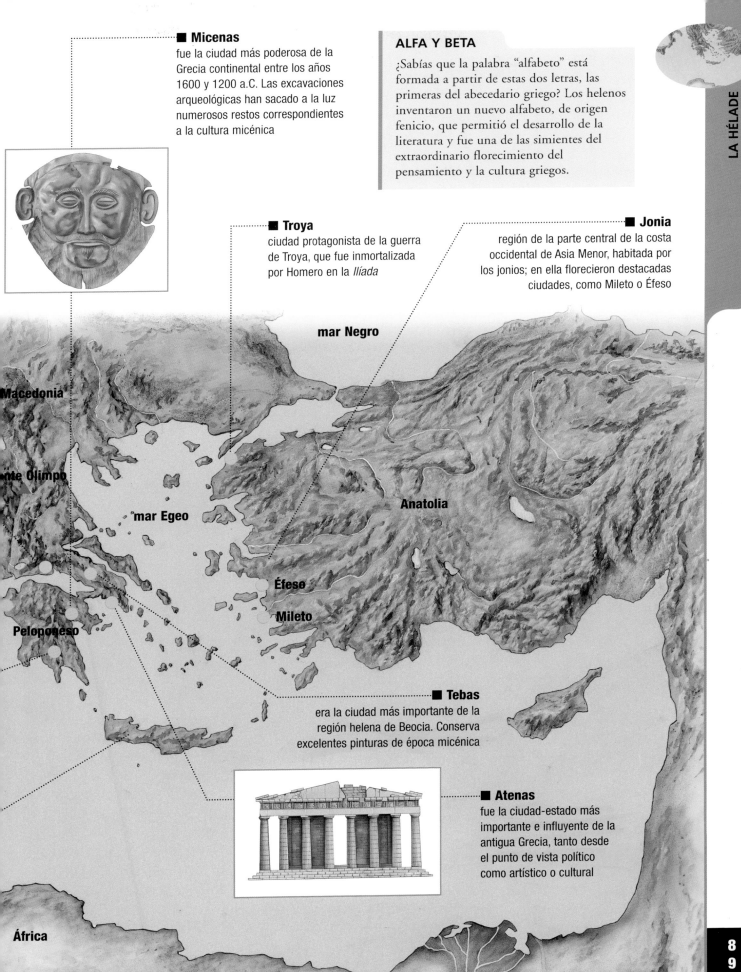

■ Micenas
fue la ciudad más poderosa de la Grecia continental entre los años 1600 y 1200 a.C. Las excavaciones arqueológicas han sacado a la luz numerosos restos correspondientes a la cultura micénica

ALFA Y BETA
¿Sabías que la palabra "alfabeto" está formada a partir de estas dos letras, las primeras del abecedario griego? Los helenos inventaron un nuevo alfabeto, de origen fenicio, que permitió el desarrollo de la literatura y fue una de las simientes del extraordinario florecimiento del pensamiento y la cultura griegos.

■ Troya
ciudad protagonista de la guerra de Troya, que fue inmortalizada por Homero en la *Ilíada*

■ Jonia
región de la parte central de la costa occidental de Asia Menor, habitada por los jonios; en ella florecieron destacadas ciudades, como Mileto o Éfeso

mar Negro

Macedonia

nte Olimpo

mar Egeo

Anatolia

Éfeso

Mileto

Peloponeso

■ Tebas
era la ciudad más importante de la región helena de Beocia. Conserva excelentes pinturas de época micénica

■ Atenas
fue la ciudad-estado más importante e influyente de la antigua Grecia, tanto desde el punto de vista político como artístico o cultural

África

UN POZO DE SABIDURÍA

En las polis griegas existía un espacio abierto, el ágora, donde, además de congregarse las asambleas y celebrarse el mercado, se reunían los ciudadanos para discutir los asuntos de interés de la comunidad. Este lugar común y público propició el desarrollo de disciplinas como la filosofía, las matemáticas, la historia o la medicina, hasta el punto de fundar distintas escuelas y ramas cuyos conocimientos han sentado las bases del pensamiento y la ciencia occidentales.

EL GOBIERNO DEL PUEBLO

La democracia nació en Grecia gracias sobre todo a tres hombres: Dracón, que confeccionó el primer código de leyes escritas de Atenas; Solón, que elaboró una nueva constitución; y Clístenes, que llevó a cabo la reforma democrática de la constitución ateniense.

Aristóteles ■

el pensamiento de este gran filósofo y científico griego, discípulo de Platón, ha influido y perdurado a lo largo de la historia. También fundó una escuela, el Liceo, donde reunió una gran biblioteca

Hipócrates ■

es considerado el padre de la medicina, puesto que estableció las bases de la ciencia médica y fijó el carácter natural de todas las enfermedades; asimismo fue uno de los primeros científicos en separar la ciencia de la religión

Heródoto

este historiador realizó constantes viajes con el fin de recopilar datos para la redacción de sus célebres *Historia*

Pitágoras ■

filósofo y matemático griego, fundador de la escuela pitagórica y descubridor del teorema que lleva su nombre

■ ágora

era la plaza central de polis; a su alrededor alzaban los principal edificios civiles de la ciud

empuje

peso del sólido

El principio de Arquímedes

Este famoso matemático y físico griego afirmó el siguiente principio: "Todo cuerpo sumergido en un fluido experimenta un empuje vertical hacia arriba igual al peso del fluido desalojado".

■ Platón

este discípulo de Sócrates, fundador de la escuela filosófica de la Academia, propuso que los hombres procedieran de acuerdo a la razón, buscando el bien, la verdad y la belleza

Sócrates ■

este filósofo, célebre por su frase: «Sólo sé que no sé nada», defendió el valor de la conversación como sistema para desarrollar el pensamiento

PRIMERO FUE EL CAOS

En el origen de los tiempos imperaba el caos. Y del caos surgieron los dioses mayores, conocidos como Titanes, cuyo caudillo era Cronos, el dios del tiempo. De su unión con Rea nacieron muchos hijos, a los que devoraba tras el alumbramiento. Sin embargo, la madre logró salvar de su voracidad a Zeus, Poseidón, Hades, Deméter y Hera. Zeus se enfrentó a su padre y lo venció, convirtiéndose en el dios del universo, el que ostentaba mayor poder.

LOS MISTERIOS DE ELEUSIS

En la sala de los misterios de Eleusis, o Telesterion, cerca de Atenas, los griegos celebraban cultos secretos con el fin de obtener la inmortalidad. Poco se sabe de estos ritos iniciáticos; sin embargo, las características del edificio indican que la luz desempeñaba un importante papel.

■ **monte Olimpo**
es la montaña más alta de Grecia; los antiguos griegos creían que en su cima residían los dioses, regidos por Zeus

■ **antropomórfica**
la religión helénica también era antropomórfica, puesto que a los dioses se les atribuía forma humana

Poseidón ■
era hermano de Zeus y dios del mar; su principal atributo era el tridente y se le solía representar como a un anciano

Atenea ■
diosa de la sabiduría. Nació de la cabeza de Zeus. Sus atributos más habituales son una lanza, un escudo y un casco coronado por un penacho

Artemisa ■
diosa de la caza y protectora de las mujeres; era hermana de Apolo. Se la reconoce fácilmente porque acostumbra a llevar un arco y calzar sandalias

Zeus ■

era la deidad más poderosa del
Olimpo griego, gobernando
sobre los demás dioses.
Por regla general se le
representaba sentado
en un trono, con un
rayo en una mano
y un cetro en
la otra

El oráculo de los dioses

Era una ceremonia religiosa que tenía por objeto adivinar el
futuro a través de las preguntas y las ofrendas que se hacían a
los dioses por medio de sus intérpretes mortales: los sacerdotes
y las pitonisas. Los oráculos de mayor prestigio fueron los
de Apolo en Delfos (en el dibujo, ruinas del templo)
y Zeus en Dodona.

■ héroes

eran seres mortales,
aunque algunos eran
descendientes de los
dioses; sus hazañas
y epopeyas eran
objeto de leyendas

■ politeísmo

la religión de la
antigua Grecia era
politeísta, porque
los griegos creían
en la existencia de
muchos dioses

Afrodita ■

diosa de la belleza, el amor y la
fecundidad. Según una tradición, nació
de la espuma del mar, provista de todos
los encantos

Apolo ■

dios del sol y de las artes. Podía tomar la
figura de un joven imberbe, con una lira en la
mano, o aparecer montado en un carro tirado
por cuatro caballos y coronado de rayos

Dioniso ■

dios del vino y de la fertilidad. Suele tomar
el aspecto de un joven imberbe, coronado de
hiedra o pámpanos, llevando en la mano una
vara enramada, un racimo de uvas o una copa

ENTRE EL MITO Y LA REALIDAD

¿Fue una leyenda o sucedió en la realidad? En la *Ilíada*, el célebre poema épico de Homero, se narra la lucha de los griegos contra los troyanos, con el héroe Aquiles como protagonista. Hasta que el arqueólogo Heinrich Schliemann no halló las ruinas de Troya no pudo demostrarse la autenticidad histórica de los hechos referidos por el insigne poeta heleno: efectivamente, en una época anterior al nacimiento de Homero hubo un enfrentamiento bélico entre troyanos y griegos que terminó con la victoria de estos últimos y la destrucción de la ciudad. A continuación presentamos a los principales protagonistas de esta leyenda.

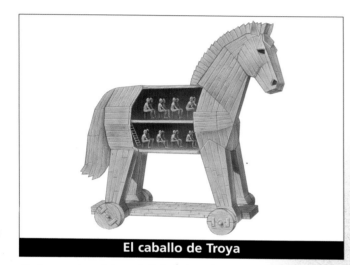

El caballo de Troya

■ **Menelao**
era hermano de Agamenón y rey de Esparta. Cuando Helena fue raptada por Paris acudió con un ejército griego a Troya para vengar el ultraje y destruir la ciudad

■ **Paris**
la guerra de Troya estalló cuando este príncipe troyano secuestró a Helena, la bella esposa del rey Menelao

■ **Aquiles**
hijo de la diosa Tetis y de Peleo y héroe de la guerra de Troya. Mató a Héctor, hermano de Paris, pero éste se vengó causándole la muerte con una herida en el talón

Conforme a los relatos mitológicos, los griegos vencieron la guerra de Troya porque construyeron un gran caballo de madera en cuyo interior se escondieron los soldados. Los troyanos, dejándose llevar por la curiosidad, arrastraron el artilugio hasta el interior de la fortaleza, momento que aprovecharon los griegos para atacar por sorpresa y destruir la ciudad.

puerta de la ciudad ■

■ **foso defensivo**

HOMERO: NARRADOR DE LEYENDAS Y CRONISTA DE LA HISTORIA

Este ilustre poeta griego fue muy probablemente el autor de los dos poemas épicos más hermosos de la antigua Grecia: la *Ilíada* y la *Odisea*. En el primero se narran las aventuras de Aquiles y la cruenta guerra de Troya; en el segundo, las gestas del héroe Ulises, rey de Itaca, y su venganza sobre los cortejadores de su mujer, Penélope.

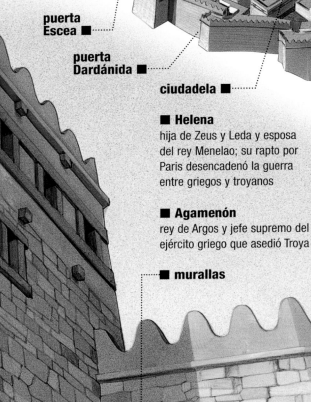

■ puerta Escea

■ puerta Dardánida

■ ciudadela

■ muralla de la ciudadela

■ Helena
hija de Zeus y Leda y esposa del rey Menelao; su rapto por Paris desencadenó la guerra entre griegos y troyanos

■ Agamenón
rey de Argos y jefe supremo del ejército griego que asedió Troya

■ Troya
las excavaciones llevadas a cabo por Schliemann demuestran que esta mítica ciudad, en la península de Anatolia, existió en la época de esplendor micénico, en el siglo XIV a.C.

■ murallas

■ ciudad baja

MÁS CERCA DE LOS DIOSES

En el lugar más alto de las polis, a menudo en la cima de una colina, se alzaba un recinto sagrado reservado a los edificios religiosos y cívicos más relevantes de la ciudad. En su interior se construían magníficos templos y teatros, embellecidos con espléndidas estatuas. La Acrópolis de Atenas, la ciudad-estado más importante e influyente de la antigua Hélade, pone de manifiesto la capitalidad artística, política y cultural de la ciudad durante el tiempo en que Pericles fue su gobernador.

templo de Atenea Niké ■

este pequeño templo jónico, cercano a los propileos, se levanta sobre una plataforma y tiene dos pórticos en sus lados menores de cuatro columnas cada uno

Atenea ■

en el interior del Partenón se colocó una estatua criselefantina de Atenea, atribuida a Fidias

propileos ■

se accedía a la Acrópolis de Atenas a través de esta puerta monumental, cuya arquitectura también evidencia la síntesis de las tradiciones dórica y jónica

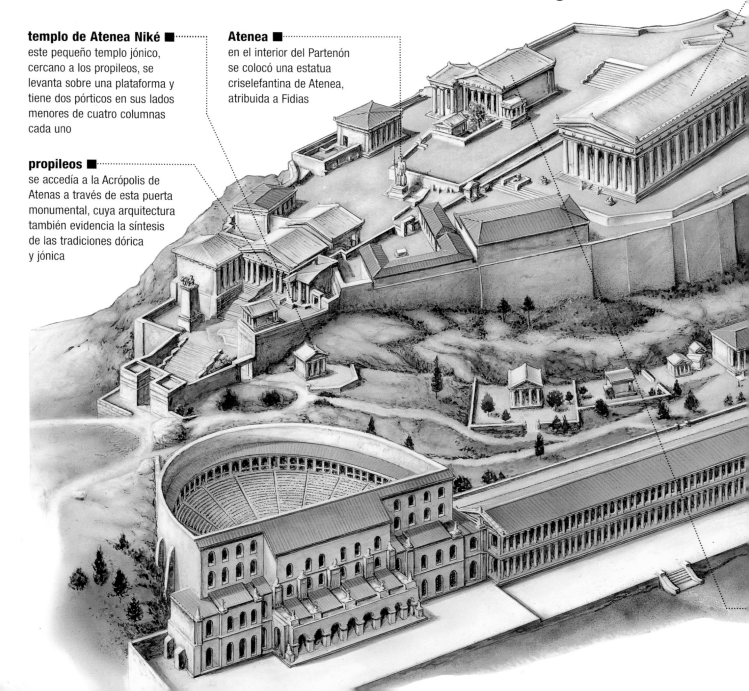

Fidias

pintor y escultor griego que supervisó las obras del Partenón. Además de la escultura criselefantina de Atenea se le atribuye también la de Zeus para el templo de Olimpia

panateneas

fiestas en honor de la diosa Atenea. La procesión panatenaica fue brillantemente esculpida en un relieve que formaba parte de la decoración del Partenón

Partenón

templo principal de la Acrópolis de Atenas, dedicado a la diosa Atenea; fue construido en mármol siguiendo los órdenes dórico y jónico, y decorado con múltiples elementos escultóricos

Una vida espartana

Esparta fue la segunda polis más importante de Grecia, después de Atenas. Los espartanos estaban sujetos a una dura disciplina militar por el miedo a la sublevación de los pueblos colonizados; desde la más tierna infancia eran adiestrados en las artes marciales y la vida hogareña era prácticamente inexistente, dado el férreo control que el Estado ejercía sobre sus ciudadanos.

El siglo de oro de Pericles

La etapa de mayor esplendor político y cultural de Atenas corresponde al gobierno de este ilustre estratega (443-429 a.C.), que mandó reconstruir la Acrópolis ateniense y se rodeó de los más brillantes artistas e intelectuales de la época.

LA POLIS: EL CONCEPTO GRIEGO DE CIUDAD

La ciudad-estado o polis era una unidad políticamente independiente, y a partir de la instauración de la democracia el pueblo participaba en su organización y administración. Alrededor de su centro neurálgico, el ágora, se erigían los principales edificios públicos, como el pritaneo o ayuntamiento. Asimismo, las polis poseían tierras de cultivo y pastoreo y solían estar cerca de un puerto.

Erecteion

más notable de este hermoso templo es el pórtico de las Cariátides, estatuas de muchachas que, a modo de columnas, sustentan el techo

EL MEDITERRÁNEO, UN GRAN EMPORIO

Gracias a su pericia naval, los griegos lograron fundar colonias en diversos puntos del litoral mediterráneo, desde el mar Negro hasta las lejanas costas de la actual España. El exceso de población, así como la escasez de tierras de cultivo y las luchas internas fueron las principales razones que los empujaron a viajar y descubrir nuevos territorios donde poder asentarse o establecer relaciones comerciales. Como consecuencia de ello, la navegación, el comercio y la industria cerámica vivieron una etapa de desarrollo y florecimiento y la cultura helénica se expandió por todo el Mediterráneo, a la vez que se enriquecía con nuevas aportaciones.

Massalia ■
nombre de la antigua colonia griega, origen de la actual Marsella, en Francia

Ampurias ■
ciudad fundada por los griegos en lo que hoy es España. Los trabajos arqueológicos han sacado a la luz las ruinas de la antigua urbe

península Ibérica

Magna Grecia ■
con este nombre se denominaba el conjunto de las colonias fundadas en el sur de Italia y Sicilia; las más importantes fueron Siracusa, Tarento, Agrigento y Nápoles

Siracusa ■
ciudad fundada por los griegos en Sicilia; conserva numerosos edificios y monumentos de su etapa griega, como el templo de Atenea

trirreme ■
embarcación característica de las flotas de guerra helénicas; tenía tres órdenes de remos a babor y estribor y se calcula que podía navegar a una velocidad media de 9 kilómetros por hora

TALES DE MILETO

La colonización trajo consigo la renovación y el intercambio de ideas y conocimientos. En Mileto sobresalió el genio de Tales, matemático y filósofo de la escuela jónica. Se le atribuye la primera medida exacta del tiempo con el gnomón: reloj de sol consistente en una vara vertical que proyecta su sombra sobre una superficie plana horizontal.

Cirene ■
principal colonia griega en el norte de África, en lo que hoy es Libia

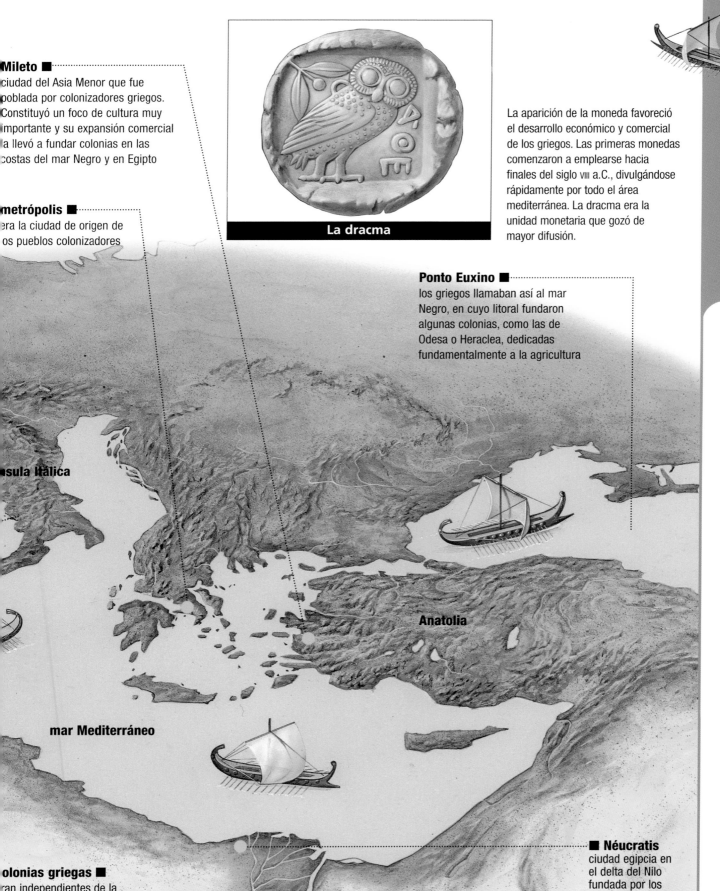

Mileto ■
ciudad del Asia Menor que fue
poblada por colonizadores griegos.
Constituyó un foco de cultura muy
importante y su expansión comercial
la llevó a fundar colonias en las
costas del mar Negro y en Egipto

metrópolis ■
era la ciudad de origen de
los pueblos colonizadores

La aparición de la moneda favoreció
el desarrollo económico y comercial
de los griegos. Las primeras monedas
comenzaron a emplearse hacia
finales del siglo VIII a.C., divulgándose
rápidamente por todo el área
mediterránea. La dracma era la
unidad monetaria que gozó de
mayor difusión.

La dracma

Ponto Euxino ■
los griegos llamaban así al mar
Negro, en cuyo litoral fundaron
algunas colonias, como las de
Odesa o Heraclea, dedicadas
fundamentalmente a la agricultura

Península Itálica

Anatolia

mar Mediterráneo

■ **Néucratis**
ciudad egipcia en
el delta del Nilo
fundada por los
griegos

Colonias griegas ■
eran independientes de la
metrópolis, aunque mantenían
la misma religión y una
estructura de gobierno similar

río Nilo

LOS ELEGIDOS DE LOS DIOSES

Seguro que sabes qué son los Juegos Olímpicos. Pues los primeros se celebraron en la ciudad de Olimpia en el año 776 a.C. Los antiguos helenos creían en la disciplina del cuerpo y la mente, por eso celebraban cada cuatro años unos juegos deportivos en los que participaban los mejores atletas de cada especialidad de toda Grecia. Este acontecimiento panhelénico, celebrado en honor de Zeus, el padre de todos los dioses, no se limitaba a su vertiente deportiva; era también un festival de las artes y la cultura, pues atraía a los más insignes artistas e intelectuales de la Hélade.

gimnasio ■
este recinto estaba destinado al ejercicio y el entreno de los atletas que participaban en los juegos

leonidon ■
era el edificio donde se alojaban las personalidades que presenciaban los Juegos Olímpicos

palestra ■
en este edificio, un patio rodeado de pórticos, se llevaban a cabo las pruebas de lucha. Existían dos modalidades: lucha libre y lucha de pie

templo de Zeus ■
en este santuario tenía lugar la ceremonia del juramento olímpico y se guardaban las coronas de ramas de olivo que designarían a los vencedores

EL RENACIMIENTO OLÍMPICO

Gracias al empeño del insigne pedagogo francés Pierre de Coubertin se pudieron celebrar, en 1896, los primeros Juegos Olímpicos de la era moderna, siendo Atenas la ciudad anfitriona. Y 108 años después, la capital de Grecia ostenta el honor de repetir como sede olímpica.

buleuterion ■
era el lugar donde se reunía el parlamento, el senado y el consejo olímpico

LA MARATÓN

Fidípides, un valeroso atleta ateniense, corrió 42 kilómetros desde Maratón hasta su ciudad para llevar la noticia a la polis del triunfo de los griegos sobre los persas en Maratón. Hizo el recorrido a tanta velocidad que, tras dar la buena nueva, cayó muerto.

■ calendario olímpico

los juegos se celebraban en primavera y duraban cinco días; las jornadas primera y última se dedicaban a las ceremonias

■ vencedores

obtenían como premio una corona de ramas de olivo, y al regreso a la patria sus conciudadanos les recibían con grandes honores, como la dedicación de estatuas y poemas

Era una prueba dividida en cinco fases: carrera del estadio, lanzamiento de disco, lanzamiento de jabalina, salto de longitud y lucha. Cada fase era eliminatoria, hasta que sólo quedaban dos atletas, que se disputaban el honor de la victoria en la lucha.

El pentatlón

estadio ■

era una pista alargada con dos extremos curvos y una línea de salida; en las rectas más largas había gradas. En este lugar se celebraban las distintas modalidades de carreras

■ hipódromo

este recinto estaba destinado a las carreras hípicas. Existían dos modalidades: la carrera de cuadrigas y la de caballos

LAS MATEMÁTICAS
AL SERVICIO DEL ARTE

En los albores de la arquitectura de la antigua Grecia, los templos, dedicados al dios patronímico de la ciudad, se construían con madera y ladrillos, hasta que estos materiales perecederos fueron sustituidos por la piedra y, más adelante, por el mármol. Desde el punto de vista estructural, la casa de los dioses fue concebida a la medida del hombre; la plasmación de la belleza y la armonía a través de la perfección matemática de las medidas y las formas constituía la principal obsesión de sus artífices.

EL CULTO A LOS DIOSES

Consistía en ofrendas y sacrificios de animales, complementados con oraciones e himnos cantados acompañados de instrumentos musicales. Las ofrendas solían ser de alimentos u objetos, y los sacrificios más frecuentes, de corderos.

capitel ■
pieza superior de la columna sobre la cual descansa el entablamento. Los capiteles dóricos son muy sencillos; los jónicos y corintios, en cambio, presentan formas cada vez más complejas

fuste ■
parte de la columna entre la basa y el capitel. Puede ser liso, estriado o acanalado

opistodomos ■
parte posterior del templo, opuesta a la pronaos y que no tiene comunicación con la naos

peristilo ■
columnata exterior o períptera del templo; rodea el edificio en todo su perímetro

naos ■
también denominada cella; es el recinto sagrado, al que sólo tienen acceso los sacerdotes y donde se levanta la estatua de la divinidad

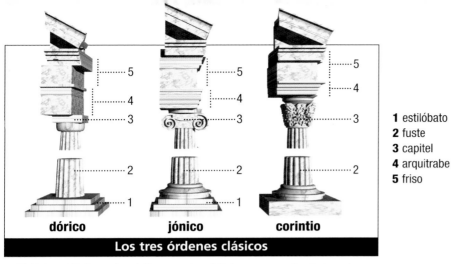

1 estilóbato
2 fuste
3 capitel
4 arquitrabe
5 friso

dórico **jónico** **corintio**

Los tres órdenes clásicos

El dórico, el jónico y el corintio presentan distintos rasgos, sobre todo en tres elementos arquitectónicos: el friso, la columna y el entablamento.

LA DECORACIÓN DE LOS TEMPLOS

Se centraba fundamentalmente en la parte superior de la fachada: en el frontón y en el friso. Asimismo, los capiteles, sobre todo los jónicos y los corintios, solían estar ornados con volutas y, los últimos, con hojas de acanto.

■ **frontón**
zona mural en la fachada del templo de forma triangular y ornamentada con relieves, que se inscribe entre la línea horizontal del entablamento y las dos líneas inclinadas y simétricas de la cubierta

■ **friso**
franja horizontal que se sitúa sobre el pórtico, por encima del arquitrabe; se divide en triglifos y metopas

■ **entablamento**
estructura horizontal superior que se apoya sobre los capiteles y que está compuesta por el arquitrabe, el friso y la cornisa

■ **intercolumnio**
distancia entre columnas; según lo que mide esta distancia puede denominarse picnóstilo (una vez y media el diámetro de la columna), sístilo (dos veces el diámetro), diástilo (tres veces)...

■ **basamento**
plataforma sobre la cual se erige el templo

■ **estilóbato**
línea perimetral del último peldaño de la plataforma escalonada sobre la que se alza el edificio

pronaos ■
pórtico principal que precede y da acceso a la cella o naos

DEL DRAMA A LA COMEDIA

En la cuna de la civilización griega, los alegres y jubilosos festejos en honor de Dioniso, hijo de Zeus y dios del vino y la fertilidad, se transformaron, con el tiempo, en escenas representadas en un teatro ante un público ávido de distracción y diversión. Existían dos tipos de representación teatral: la tragedia y la comedia. Éstas tenían lugar en el teatro: un espacio arquitectónico que constaba de tres partes principales: el *theatron*, la *orchestra* y la *skene*.

LA TRAGEDIA Y LA COMEDIA

Esquilo, el padre de la tragedia, incorporó un nuevo personaje a la escena dionisíaca, un actor que dialogaba con el dios, creando de este modo la tragedia. Las fiestas que se realizaban durante la vendimia, de carácter cómico y burlesco, dieron paso a la comedia; Aristófanes fue uno de sus principales representantes.

paisaje ■
desde las gradas, normalmente excavadas en la roca, se solía divisar un panorama extraordinario que formaba parte integrante del teatro y la escena

proscenio (*proskenion*) ■
balcón en la parte frontal de la *skene* o construcción que daba fondo al teatro y en la cual se situaban los actores

escena (*skene*) ■
era una plataforma alargada detrás de la *orchestra* sobre la que se desarrollaban los diálogos entre los personajes que representaban la ficción

orquesta (*orchestra*) ■
era un espacio circular destinado a los movimientos del coro; en su centro se alzaba el altar de Dioniso

público ■
se sentaba en las gradas y solía intervenir en la acción increpando a los actores

gradería (*theatron*) ■
era una zona escalonada y de planta curva, donde se situaba el público; unos pasillos radiales la dividían en distintos sectores y un corredor concéntrico la separaba de la *orchestra*

■ tragedia

obra dramática en la que, por regla general, el protagonista era conducido a la catástrofe por una pasión o por la fatalidad

■ comedia

drama crítico, moralizador o satírico con desenlace feliz

Las fiestas dionisíacas

Dioniso era el dios de la fecundidad y la vendimia. En primavera y verano los helenos le dedicaban una festividad que duraba varios días. Se paseaba su imagen por la ciudad, seguida por jóvenes que representaban a los sátiros, sus compañeros. Éstos, ante el altar del dios, entonaban un canto denominado ditirambo. Un hombre, cuyo rostro estaba cubierto por una máscara, representaba al dios y dialogaba con los sátiros.

■ máscaras

los actores y los coreutas, miembros del coro, llevaban la cara cubierta con máscaras grotescas

LA PERFECCIÓN DE LAS FORMAS

Los antiguos helenos sobresalieron en las artes de la escultura y la pintura. Lamentablemente, de la estatuaria exenta pocos originales quedan; en su mayoría se conoce a través de copias romanas. Sí tenemos, sin embargo, numerosas muestras de relieves que primitivamente decoraron los frisos y los frontones de los templos y otros edificios. Cabe decir lo mismo de la pintura monumental, desaparecida casi por completo; no obstante, y gracias a la ingente labor de la arqueología, todavía hoy podemos disfrutar de la visión de una abundante cerámica, cuya decoración pictórica muestra una extraordinaria maestría.

EL CUERPO HUMANO

Se le daba una importancia extraordinaria y estaba magistralmente representado. Se puede observar una evolución desde los primeros ejemplos de la época arcaica, en que a la figura le falta movimiento y mantiene un cierto hieratismo, hasta las obras helenísticas, donde la representación del movimiento y la expresión alcanza su máximo apogeo.

■ temas

la escultura helena tenía un carácter eminentemente religioso y conmemorativo. Así, la mitología y la vida cotidiana, como la representación de jóvenes atletas, la lucha de guerreros o mujeres con niños eran los temas mayormente interpretados

■ material

el más empleado era la piedra (caliza y mármol), sobre todo en los relieves, pero en la escultura exenta también se utilizaba el bronce, la terracota, la madera y, en las estatuas criselefantinas, el oro y el marfil

■ decoración

las esculturas en piedra solían pintarse, y se incrustaban piedras de colores, vidrio o marfil a modo de ojos

■ herramientas

los principales instrumentos empleados por los escultores eran el punzón, el buril y distintos tipos de cinceles

■ Praxíteles

este gran escultor destacó porque supo plasmar a la perfección la juventud, la belleza y el carácter humano de sus personajes

escenas ■

el desarrollo ornamental de la superficie cerámica supuso la incorporación de escenas organizadas en franjas horizontales paralelas

evolución de las formas pictóricas ■

al principio se representaban formas geométricas muy simples, pero con el paso del tiempo éstas evolucionaron hasta obtener volumen, y se enriquecieron con la incorporación de figuras vegetales, animales y, finalmente, humanas

temas ■

se representaban sobre todo escenas mitológicas, pero también pruebas atléticas o sucesos bélicos y de la vida cotidiana

■ utilización

el uso que se daba a las piezas de cerámica era diverso, en función de su forma. Podían servir para almacenar alimentos y bebidas, para llevar a cabo sacrificios rituales...

■ artistas

dos eran los autores de la cerámica: el alfarero y el pintor; y así constaba en la pieza, firmada a menudo por ambos

El canon de Policleto

El canon era un sistema ideal de proporciones y relaciones entre las partes de un todo. En el de Policleto, la unidad era el dedo y la altura total del cuerpo siete veces la de la cabeza.

■ ánfora
vasija de dos asas y gran tamaño que servía, esencialmente, para almacenar alimentos y bebidas

■ hidria
recipiente de tres asas destinado a contener agua

■ *lekythos*
vaso de forma estilizada y con un asa

■ crátera
vasija de tamaño considerable empleada para mezclar agua y vino

■ *peliké*
vasija similar a la ánfora, aunque más ancha por la base y menos alargada

■ *pithos*
vasija grande y panzuda que se empleaba para almacenar aceite o grano

EL MÁS GRANDE DE LOS CONQUISTADORES

El más destacado de los conquistadores helenos fue Alejandro Magno, hijo de Filipo II, rey de Macedonia. Este valeroso e insigne guerrero conquistó Persia y condujo a sus ejércitos hasta Egipto y la India, formando uno de los mayores imperios de todas las civilizaciones. Sin embargo, tras su muerte prematura, la falta de un heredero a quien legar su vasto imperio supuso la desmembración del territorio, repartido entre sus generales, y la decadencia y desaparición definitiva del poder heleno.

■ **educación**
la instrucción del joven Alejandro corrió a cargo de uno de los mayores filósofos de todos los tiempos: Aristóteles

■ **Filipo**
era el rey de Macedonia y padre de Alejandro. Murió asesinado a manos de Pausanias

■ **nudo gordiano**
un oráculo había prometido el dominio de Asia a quien fuera capaz de deshacer el nudo que ataba el yugo al timón del carro consagrado a Zeus en el templo de Gordion. Alejandro cortó con su espada el nudo y fue festejado como un héroe

■ **Alejandría**
ciudad de Egipto fundada por Alejandro. Con la creación de su fabulosa biblioteca devino el centro cultural más importante del Oriente clásico

■ dinastía de los Ptolomeos
esta dinastía macedonia gobernó en
Egipto a la muerte de Alejandro Magno

■ dinastía de los Seleucidas
fue una de las más poderosas del mundo
helenístico, reinando en Siria y los
territorios orientales del desmembrado
imperio de Alejandro Magno

■ dinastía de Casandro
de los tres grandes reinos que se
formaron tras la muerte del Conquistador,
el de Macedonia fue gobernado por esta
dinastía

■ cultura helenística
la civilización griega llegó a su punto
culminante durante este período,
caracterizado por el barroquismo, el
refinamiento y la suntuosidad de las
formas, la libertad del estilo y la
complejidad de los espacios

El Laocoonte

Este magnífico conjunto escultórico, el más paradigmático
del período helenístico, evidencia las tres principales
características de la escultura de ese momento:
barroquismo, expresividad y movimiento.

UNA FORMACIÓN DE COMBATE INVENCIBLE

¿Por qué los ejércitos de
Alejandro eran imbatibles
en el campo de batalla?
A causa de la falange,
una formación de
combate de la infantería
griega compuesta por
dieciséis filas de soldados
armados con lanzas y que
el intrépido macedonio
hizo más ligera y móvil
al reducir el número de
filas a ocho.

■ Roxana
esposa de Alejandro y madre
de su hijo, ambos asesinados
por Casandro

GLOSARIO

Acanto	Planta cuyas hojas grandes y lobuladas fueron reproducidas como motivo ornamental en los capiteles corintios.
Antropomórfico	Que presenta características físicas humanas o semihumanas. Los dioses griegos eran antropomórficos.
Aristocracia	Forma de gobierno en la que el poder se halla en manos de las clases nobles o altas de la sociedad.
Buleuterion	Edificio en el que se reunía la bulé, asamblea representativa de los ciudadanos que intervenía en el gobierno de la ciudad.
Canon	Conjunto de normas que regulan la proporción y la simetría en arte. Estas normas permiten establecer la armonía entre cada una de las partes de una obra y su totalidad a partir de una determinada extensión, conforme a un ideal de belleza.
Cariátide	Escultura femenina que sustituye a la columna como elemento sustentador.
Ciclópeo	Elemento constructivo de grandes proporciones. Las murallas de las fortalezas micénicas eran ciclópeas porque estaban formadas por grandes bloques de piedra.
Criselefantina	Escultura realizada en oro y marfil.
Dintel	Viga que se coloca en la parte superior de una apertura para sostener las cargas del muro que se alza sobre él.
Esfinge	Personaje mitológico con cabeza de mujer, cuerpo alado y extremidades de león.
Estratega	En la antigüedad griega, jefe del ejército. A partir de Clístenes, el concepto se amplió y designaba también a los diez miembros de un colegio encargados de los asuntos militares y diplomáticos.
Hélade	En griego, tierra de helenos. Con este término se denomina la antigua Grecia continental, insular y sus colonias.
Mitología	Conjunto de historias fabulosas de los héroes y los dioses de la antigüedad.
Oligarquía	Forma de gobierno en que el poder se halla en manos de unos pocos.
Orden	En arquitectura, conjunto de elementos dispuestos en la fachada de un edificio. En la antigua Grecia existieron tres órdenes arquitectónicos: el dórico, el jónico y el corintio.
Panhelénico	Término que designa la unión de las distintas regiones griegas.
Pitonisa	Sacerdotisa de Apolo, que ofrecía los oráculos en el santuario de Delfos.
Relieve	Escultura que sobresale de una superficie plana.
Stoa	Pórtico que se construía en el ágora de las polis griegas y que tenía como objeto proteger a los ciudadanos de los rayos solares y las inclemencias meteorológicas.

CRONOLOGÍA

2000 a.C.	Civilización cretense.
1800 a.C.	Primeros asentamientos en Troya.
1600 a.C.	Hegemonía de Cnosos. Fortalezas de Tirinto y Micenas.
1300 a.C.	Guerra de Troya. Caída de Cnosos.
1100 a.C.	Caída de Micenas. Inicio del período oscuro.
1000 a.C.	Primeras colonias griegas en Jonia.
800 a.C.	Crecimiento de la población en Grecia. Período principal de colonización. Aparición del sistema alfabético adoptado de los fenicios. Primeros templos de piedra.
776 a.C.	Primeros Juegos Olímpicos. Primeros restos en el santuario de Olimpia.
753 a.C.	Fundación de Roma. Época de los poemas homéricos.
600 a.C.	Los asirios llegan hasta el Mediterráneo.
730-650 a.C.	Máxima expansión del Imperio asirio.
600 a.C.	Poder político de la polis. Esparta domina el Peloponeso. Inicios de la democracia griega. Comienzo del período arcaico. Primeros frontones de los templos decorados con esculturas. Dórico arcaico. Primeros templos colosales en Jonia. Cerámica de figuras negras. Primeras acuñaciones griegas.
500 a.C.	Inicio de las guerras médicas contra Persia. Atenas controla la liga de Delos. Siglo de Pericles. Comienzo del período clásico. Templo de Zeus en Olimpia. Partenón y reorganización de la Acrópolis de Atenas. Inicio del urbanismo griego. Cerámica de figuras rojas. Inicio del teatro: la tragedia y la comedia.
490 a.C.	Batalla de Maratón.
400 a.C.	Reinado de Alejandro Magno. Expansión máxima de Grecia. Muerte de Sócrates. Platón. Aristóteles. Praxíteles. Primeras manifestaciones corintias: tholos (templos circulares).
323 a.C.	Muerte de Alejandro Magno. Inicio del período helenístico. Gran teatro de Epidauro.
300 a.C.	Biblioteca de Alejandría.
200 a.C.	Guerras macedónicas. Comienza el poder de Roma. Gran Altar de Zeus en Pérgamo. *Venus de Milo.* *Victoria de Samotracia.*